LA VÉRITÉ

SUR LE

CONGRÈS DE GENÈVE

PAR

M. CHARLES LEMONNIER

Publié sous les auspices du Comité central permanent de la
Ligue internationale de la Paix et de la Liberté.

~~~~~~

BERNE et GENÈVE

Chez VÉRÉSOFF et GARRIGUES

(Agence de publicité, Place Bel-Air, à Genève)

Et chez les Principaux Libraires de la Suisse

—

1867
~~~~~~

LA VÉRITÉ

SUR LE

CONGRÈS DE GENÈVE

La première session du *Congrès international de la paix* s'est ouverte à Genève le 9 septembre dernier, à deux heures, dans le Palais électoral, que la généreuse hospitalité du Gouvernement genevois avait mis à la disposition du Comité central d'organisation ; elle a été close, ainsi que l'avait annoncé le programme, le 12 du même mois, à midi.

Plus de 20,000 citoyens appartenant à toutes les nations de l'Europe : Allemagne, Italie, France, Angleterre, Suisse, Belgique, Russie, Pologne, Suède, Espagne, avaient envoyé leur adhésion.

Pendant les quatre jours que la session a duré, cinq ou six mille hommes (auxquels s'étaient mêlées un assez grand nombre de dames) ont assisté aux assemblées, participé aux nominations, aux discussions, aux délibérations et aux votes, dont le dernier a consacré, à une grande majorité, les résolutions proposées par le bureau, et la fondation d'une *Ligue de la paix et de la liberté*.

1

Tous les efforts d'une intrigue habilement ourdie et conduite de minute en minute avec la dernière audace ont échoué, en face du bon sens, du calme de l'assemblée, en face surtout de l'admirable union spontanément établie entre ces hommes de toutes nations qui se voyaient pour la première fois.

Si grande, cependant, a été l'audace des meneurs, si grande aussi la faiblesse et la crédulité publiques, que, même à cette heure, bien des gens s'imaginent, sur la parole des feuilles cléricales, césariennes, ou secrètement réactionnaires, que le Congrès de Genève a « bizarement avorté. »

Pour toute réponse aux mensonges qu'un grand nombre de journaux français et anglais, même de ceux qui se disent libéraux, ont servilement copiés dans les feuilles de Genève, nous voulons raconter simplement les faits.

Nous devons la vérité aux vingt mille citoyens qui, de toutes les parties de l'Europe, avaient adhéré au programme du Congrès ; nous la devons aux hommes dévoués qui sont venus en personne constituer l'assemblée ; nous la devons au loyal peuple de Genève qui nous a donné la majorité ; nous la devons au glorieux héros accouru du fond de l'Italie pour nous prêter le prestige de son nom et la popularité de sa personne ; nous la devons, enfin, aux calomniateurs qui emporteront dans l'histoire la flétrissure de leurs manœuvres violentes et déloyales.

I.

Tout le monde sait comment, il y a six mois, l'Europe fut mise à deux doigts d'une guerre générale. Tout le monde sait comment l'orage qui gronde encore fut alors écarté. Personne heureusement n'était prêt, ni la Prusse toute haletante de sa victoire de Sadowa, ni le gouver-

nement français empêtré dans le réseau diplomatique que
M. de Bismarck venait de lui jeter sur la tête.

Le bon sens des peuples qu'une faute de plus allait lancer
l'un sur l'autre a fait le reste. Quand l'Allemagne et la
France se virent à deux pas de l'abîme où le monde européen pouvait rouler avec elles, toutes deux ressentirent, à
la fois, la commotion d'un sentiment nouveau : l'éveil du
patriotisme européen. Sur les deux bords du Rhin, de
vingt points à la fois, le même jour, et quasi à la même
heure, un même cri sortit de toutes les poitrines, un
accord immense éclata ; on vit tout à coup, et, pour la
première fois, avec cette clarté, qu'une *guerre européenne
est une guerre civile!* Les premiers qui levèrent le drapeau
de la paix furent entourés, les journaux allemands et
français se remplirent d'adresses fraternelles ; il y eut, en
un moment, une ligue universelle de tous les gens de
cœur.

Le nuage fut donc écarté. Les peuples avaient mis le
pied sur le brandon du Luxembourg ; mais, au fond, la
situation demeurait et demeure encore la même. Sans pé-
nétrer les mystères discrédités de la diplomatie, les nations voient clairement que la paix n'est que sur le bord
des lèvres ; elles jugent des pensées par les actes, et les
actes sont pleins de significations redoutables. Sur tous
les points de l'Europe on entend le bruit des fusils que
l'on forge, des canons que l'on fore, des boulets que l'on
empile, des navires que l'on cuirasse, et le chuchotte-
ment sinistre des alliances qui se font, se défont et se re-
font dans l'ombre.

Si la guerre, que tant de mains invisibles préparent,
éclate, jamais elle n'aura étalé plus d'horreurs, jamais on
n'aura vu pareille hécatombe, jamais pareille destruction
de richesses et de vies humaines.

Le sang-froid des joueurs qui tiennent les deux bouts
de l'échiquier, leur passion froide, leurs rancunes, leur
sombre détermination ; la résignation apparente, il faut
dire plutôt, l'apathie des pions humains qui se laissent

engager dans une partie dont leurs femmes, leurs enfants, leurs richesses, leur travail, leur personne sont l'enjeu ; le contraste de ce mépris impie que les hommes semblent faire les uns des autres, avec la puissance que leur mettent dans les mains l'industrie et la science, donnent un vertige auquel l'Europe paraît s'habituer. On dirait que le monde est peuplé de gladiateurs, et l'on croit entendre des millions de bouches murmurer, en toute langue, le blasphème : *Ave Cæsar, morituri te salutant !*

Quelques citoyens dévoués à la cause de l'humanité et du progrès ont cru que ce tableau lamentable n'était qu'un rideau, et que derrière ce rideau, dans les profondeurs obscures de la scène, la conscience éveillée des peuples prépare de bien autres péripéties.

Voyant très-clairement que la paix serait, si les peuples voulaient, tout de bon, qu'elle fût, ils ont, eux, voulu faire ce qu'ils pouvaient : ils ont mis l'Europe à même de se tâter le pouls, et de savoir combien elle compte de peuples parvenus à l'âge de majorité.

Dans les derniers jours d'Avril, un journal, qui depuis de longues années a sa place marquée en tête des phalanges démocratiques, le *Phare de la Loire,* avait le premier prononcé le mot de *Congrès de la paix.* Peu de jours après, à Paris, dans une maison que nous ne voulons point désigner, quelques hommes dont nous ne dirons point les noms, dix ou douze à peine, se demandaient pourquoi ce vœu d'un *Congrès de la paix* ne deviendrait pas une vérité. Séance tenante on esquissait, à grands traits, le caractère de ces assises de la démocratie européenne ; on nommait une Commission. Bientôt, devant une assemblée un peu plus nombreuse, cette Commission apportait deux projets de manifeste : le projet de la majorité, le projet de la minorité ; la discussion s'engageait très-vive, mais cordiale et franche, sur les deux projets ; on poussait à fond toutes les questions ; on sondait l'avenir dans ses profondeurs les plus lointaines ; on se séparait enfin après avoir rédigé et signé le Manifeste suivant :

Les soussignés :

Considérant que l'établissement et le maintien de la paix générale sont au premier rang des devoirs et des intérêts des nations ;

Que ce but ne peut être atteint que par la confédération des peuples, laquelle est inséparable de leur émancipation politique ;

Considérant que la paix résulte de la liberté aussi nécessairement que la guerre de l'oppression ;

Considérant qu'en l'absence d'un droit international qui assure à la fois la paix et la liberté, le seul moyen de prévenir les maux et les crimes des guerres de conquête et d'agression ne doit et ne peut être cherché que dans l'union libre, permanente et publique des citoyens de toute nation qui, comprenant la grandeur de cette œuvre, en voudront efficacement la réalisation ;

Provoquent la fondation d'un CONGRÈS INTERNATIONAL DE LA PAIX, dont la première session s'ouvrira le 5 (*) septembre 1867, à Genève, et dont l'objet sera de pourvoir en tous pays, par tous les moyens qui seront à la disposition de ses membres, à l'établissement et au maintien de la liberté, du droit et de la paix en Europe ;

Décident qu'il suffira, pour faire partie du congrès, de s'inscrire et de verser une ou plusieurs cotisations de 0 fr. 25 c. l'une ;

Invitent à en faire partie, à s'y rendre ou à s'y faire représenter tous les amis de la libre démocratie.

11 juin 1867.

Ce n'est point au hasard que Genève avait été choisie pour siége du futur congrès. Paris était impossible, on n'y songea même point ; on avait d'abord pensé à Bruxelles, et plus tard à Manheim ; mais on avait eu plusieurs raisons pour préférer Genève : l'adhésion certaine de quelques amis dont on connaissait le dévouement infa-

---

(*) L'ouverture du Congrès fut plus tard reportée au 9 septembre, afin de laisser au *Congrès international des travailleurs*, qui devait se tenir à Lausanne du 2 au 7 du même mois, la faculté d'envoyer ses délégués à l'assemblée de Genève.

tigable, l'énergie calme, la prudence hardie; les dispositions libérales d'un grand nombre de citoyens genevois; la vieille renommée d'une ville qui fut, et qui est encore le refuge de tant de proscrits; la tolérance et la liberté dont on se croyait pleinement assuré sous un gouvernement démocratique, dans un pays neutre et républicain.

M. Jules Barni, l'éminent traducteur de Kant, professeur à l'académie de Genève, voulut bien servir d'intermédiaire. Dès que l'Institut national genevois, applaudissant au projet qu'il lui communiqua, eût formé dans son sein le premier noyau d'un Comité central chargé de préparer et d'organiser le Congrès, le manifeste qu'on vient de lire fut d'un commun accord publié dans les principaux journaux de Suisse, de France, d'Angleterre, d'Italie, d'Allemagne et de Belgique. Sur tous les points de l'Europe des comités se formèrent, des listes d'adhésion coururent et se couvrirent de signatures.

L'élan populaire d'où était sorti le vœu d'un *Congrès international de la paix*, avait, à la même heure, pour ainsi dire, produit des efforts analogues, mais marqués d'un caractère très-différent.

M. Frédéric Passy avait provoqué la formation d'une *Ligue de la paix* dans la création de laquelle il avait pour premiers associés MM. Michel Chevalier, sénateur, Arlès Dufour, le Père Gratry, etc. et dont les listes se signaient dans le palais même de l'Exposition universelle. Au Havre une *Union de la paix* s'était constituée; à Paris, à Nantes, à Strasbourg, des *unions* semblables s'étaient formées; mais toutes, se mettant sur la trace et reprenant l'œuvre des congrès que la *Société anglaise de la paix* avait déjà tenus, il y a quatorze ans, à Paris, à Bruxelles, à Londres, à Francfort, à Edimbourg, évitaient avec un soin extrême tout caractère politique.

Bien au contraire le Manifeste du Congrès international dont tous les termes avaient été choisis, pesés et discutés, donnait au Congrès un but politique, et contenait en germe, il est aisé de le voir aujourd'hui, le programme soumis plus tard au Congrès, et les résolutions votées dans la dernière séance.

LA PAIX PAR LA LIBERTÉ, telle fut, dès le premier jour, la devise du Congrès, sa devise et son originalité ; telle fut, on peut le dire aujourd'hui, la raison qui l'a fait triompher de toutes les intrigues, et lui a donné la force de se transformer en une Ligue permanente.

Ce mouvement unanime des peuples contre la guer·, tant d'efforts instantanés en faveur de la paix ne pouvaient manquer d'attirer l'attention de la *Société anglaise de la paix*. Fondée en 1815, précisément au moment où le fléau de la guerre arrosait l'Europe de sang et la couvrait de cadavres, cette société n'a cessé, depuis un demi-siècle, de s'étendre et de se fortifier. Non-seulement elle a tenu les cinq congrès dont nous parlions tout-à-l'heure ; mais, chaque année, les villes principales du Royaume-uni entendent la parole de ses orateurs dans des meetings fréquents et nombreux ; chaque mois un journal publié sous ses auspices porte la doctrine de la paix sur tous les points du globe où pénètre la langue anglaise. Le manifeste du Congrès international de la paix était à peine lancé que les représentants de cette Société, attentifs à tout ce qui peut de loin ou de près intéresser la cause de la paix, se mettaient en relation avec les promoteurs du Congrès ; une entrevue eut lieu à Paris. Il y fut dit, au nom du Congrès futur, que ses fondateurs entendaient lui conserver le caractère politique dont le manifeste portait l'expression très-nette ; qu'ils avaient pour les travaux et le zèle de la *Société de la paix* la plus haute estime et la gratitude la plus profonde, mais que leur dessein bien arrêté était de prendre un chemin tout-à-fait différent ; qu'à leurs yeux le fléau de la guerre avait ses racines dans la constitution politique de l'Europe et dans l'absence de tout droit international ; qu'ils tenaient pour impossible de créer un droit international sans renouveler les institutions politiques européennes ; qu'ils n'étaient point assurément des conspirateurs, mais qu'ils entendaient faire publiquement, au grand jour, la recherche et l'application des réformes politiques et économiques sans lesquelles tous les efforts pour établir la paix se perdraient éternellement dans de vaines et inutiles tentatives. En présence de cette déclaration formelle les représentants de la Société de Londres répondirent, que leur société, dont le principe fondamental était de s'abstenir de toute ingérence et même de tout caractère politique, demeurerait spectatrice des efforts tentés par le Congrès, sans s'y associer autrement que par ses encouragements et ses vœux. En son nom et au nom de ses amis, M. Frédéric Passy, qui avait accompagné les délégués de Londres, fit une déclaration à peu près semblable.

Nous avons su depuis que la demande faite à trois reprises par la Société de la paix auprès du gouvernement français pour obtenir de réunir à Paris, pendant l'Exposition, un sixième congrès de la paix, poliment éludée d'abord, avait, à la fin, rencontré un refus péremptoire.

Cependant à Genève et à Paris les promoteurs du Congrès international multipliaient leurs efforts. En France, l'impossibilité de se réunir et de s'associer sans l'autorisation du gouvernement, laissait aux adhésions un caractère purement individuel; mais en Suisse, en Belgique, en Allemagne, en Italie surtout, des comités s'étaient formés, et le Comité central recevait chaque jour de nombreuses adhésions collectives.

On s'occupa de rédiger un règlement et un programme. Le règlement était fort simple, car il était fort libéral. On pourrait même dire qu'il l'était trop; car il laissait par le fait aux ennemis du Congrès toute facilité de combattre ses principes et d'entraver sa marche, en se glissant dans ses rangs (sauf à mentir à leur signature) au moyen d'une *carte d'adhérent*, délivrée indistinctement à tout le monde au prix de 25 centimes. Le programme, longuement étudié et débattu à Genève et à Paris, développait le Manifeste; et, sous une forme qui réservait très-soigneusement le vote du futur Congrès, posait les trois questions dont le vote du Congrès a plus tard converti les principes en résolutions.

Voici le règlement et le programme :

RÈGLEMENT

ARTICLE 1er. Le Congrès international de la paix s'ouvrira le 9 septembre et durera jusqu'au 12 inclusivement.

ART. 2. Nul ne sera admis dans l'enceinte des délibérations que sur la présentation de sa carte de membre du Congrès. — Les cartes seront délivrées à Genève et à Paris, elles devront être signées par les titulaires.

ART. 3. Le bureau du Congrès se composera d'un président, de vice-présidents, de secrétaires et d'un trésorier élus par l'assemblée dans la première séance.

ART. 4. Un Comité-Directeur, dont les membres seront de droit vice-présidents du Congrès, sera institué de la même manière. — Ce Comité sera chargé de préparer la rédaction des résolutions à soumettre au vote de l'assemblée.

ART. 5. Les membres qui voudront prendre la parole sur l'une des questions à l'ordre du jour se feront inscrire au bureau. Ils seront entendus dans l'ordre de leur inscription.

ART. 6. Les adhérents qui auraient à soumettre au Congrès quelque proposition en dehors du programme, devront en donner connaissance par écrit au bureau, qui demandera à l'assemblée s'il lui convient que cette proposition soit portée à l'ordre du jour du lendemain.

ART. 7. Les orateurs seront invités à ne pas donner à leur discours une durée dépassant quinze minutes.

ART. 8. Le président pourra rappeler à la question tout orateur qui s'en écarterait, et à l'ordre tout membre qui introduirait dans le débat des discussions inopportunes ; il pourra même lui retirer la parole, mais après avoir consulté l'assemblée.

ART. 9. Les résolutions du Congrès seront prises à la majorité des voix.

ART. 10. Le bureau sera chargé de la police des séances.

Voici maintenant le Programme :

PROGRAMME

Première Question. — Le *règne de la Paix*, auquel aspire l'humanité, comme au dernier terme de la civilisation, est-il compatible avec *ces grandes monarchies militaires qui dépouillent les peuples de leurs libertés les plus vitales, entretiennent des armées formidables et tendent à supprimer les petits États au profit de centralisations despotiques?* Ou bien la condition essentielle d'une Paix perpétuelle entre les nations n'est-elle pas, pour chaque peuple, la liberté, et, dans leurs relations internationales, l'établissement d'une confédération de libres démocraties constituant les États-Unis d'Europe.

Deuxième Question. — Quels sont les moyens de préparer et de hâter l'avénement de cette confédération des peuples libres? Retour aux grands principes de la Révolution, devenant enfin des vérités; revendication de toutes les libertés, individuelles et politiques; appel à toutes les énergies morales, réveil de la conscience; diffusion de l'instruction populaire; destruction des préjugés de race, de nationalité, de secte, d'esprit militaire, etc.; abolition des armées permanentes; harmonie des intérêts économiques par la liberté; accord de la politique et de la morale.

Troisième Question. — Quels seraient les meilleurs moyens de rendre permanente et efficace l'action du Congrès international de la Paix? Organisation d'une association durable des amis de la démocratie et de la liberté.

La principale tâche du Congrès de Genève devra être d'arrêter le plan et de jeter les premières bases de cette association.

On voudra bien remarquer le scrupule avec lequel les Comités de Paris et de Genève ont rigoureusement borné leur mission à *préparer* le Congrès, lui laissant: 1° le soin de nommer son président, ses vice-présidents, ses secrétaires, son trésorier; 2° la faculté d'adopter, de rejeter ou de modifier lui-même le programme de ses délibérations; 3° la faculté, supposé le programme adopté comme base de discussion, de rejeter ou d'adopter tout ou partie des résolutions dont il contenait le principe.

Parmi un grand nombre d'illustrations européennes qui avaient envoyé leur adhésion, les fondateurs choisirent le général Garibaldi pour lui offrir la présidence honoraire. Le général accepta, et promit de venir à Genève.

Ce choix et cette acceptation assuraient à la fois le caractère et la popularité du futur Congrès. Il est permis et l'on a quelque raison de croire que dès ce moment les gouvernements commencèrent à l'honorer de leur attention particulière. On ne se borna plus à le surveiller; on résolut, non point d'empêcher ouvertement sa réunion, c'eut été le grandir et le fortifier, mais de le pousser adroitement vers l'impuissance ou le ridicule, et l'on prit ses mesures en conséquence. La chose semblait aisée. Les listes d'adhésion étaient ouvertes, les cartes furent délivrées jusqu'à la dernière minute à quiconque se présentait; le Congrès ne se gardait point. On sait d'ailleurs que la famille impériale régnant en France a depuis longtemps des amitiés à Genève. Les agents de la police française abondèrent, les journaux en ont fait la remarque; dès le premier jour, on les notait sur les bancs du Congrès; des noms connus étaient signalés sur les listes, par exemple dans le septième bulletin. Le plan était en quelque sorte tout tracé : pousser le Congrès à se compromettre, semer la division parmi ses membres, introduire la confusion dans ses rangs, faire rejeter les deux premières questions qui posaient les principes et déclaraient la *paix inséparable de la liberté,* enfin faire ajourner la troisième, dont la solution affirmative devait rendre le Congrès permanent et créer en pays neutre un centre durable d'activité démocratique. Si l'on ne pouvait obtenir ce résultat, si le Congrès ne voulait point se suicider, on devait recourir aux grands moyens : faire naître le tumulte, provoquer une collision, empêcher le vote, créer une telle confusion qu'on eût quelque apparence de soutenir que le Congrès s'était dissous sans rien laisser après lui qu'un bruit vide et une vaine fumée.

Genève cependant se remplissait; d'Allemagne, d'Italie, de France, d'Angleterre, de Belgique, arrivaient en foule les membres du Congrès. Dès le 7 on attendait Garibaldi; le Comité central avait voulu fréter un bateau pour aller à l'autre bout du lac, à Villeneuve, le recevoir, et l'amener avec moins de fatigue au seuil même des appartements que la Banque Suisse avait mis à sa disposition à l'angle de la rue et du quai du Mont-Blanc; mais les ovations spontanées qui, depuis Arezzo, accueillaient partout le héros populaire, avaient retardé sa marche, et l'on apprit dans la journée qu'il n'arriverait à Villeneuve que le dimanche à midi. En même temps la compagnie à laquelle appartiennent les bateaux qui desservent la côte de Savoie, après avoir hésité ou feint d'hésiter pendant toute la journée du samedi, finit par déclarer, le soir, qu'il lui était impossible de mettre à la disposition du Comité aucun des bateaux dont on offrait de lui payer le frêt au prix qu'elle fixerait. Cette mauvaise grâce fut prise pour le premier signe du mauvais vouloir de la réaction.

A Genève le peuple tout entier se préparait cordialement à fêter à la fois le Congrès et Garibaldi. Sur l'invitation du Comité central et du Comité genevois nommé pour la réception du général, les maisons s'étaient pavoisées; partout à côté du drapeau fédéral et du drapeau genevois flottaient les couleurs de toutes les nations d'Europe; seul le drapeau impérial français (le fait a été relevé par les journaux) ne paraissait guère ailleurs que sur les mâts des bateaux de la côte savoisienne.

A défaut de bateau on avait le chemin de fer. Le dimanche à six heures entrait en gare le train qui ramenait avec Garibaldi le Comité central, le Comité de Paris et les autres membres du Congrès qui étaient allés au devant du général. La gare de Genève, commune au chemin de l'Ouest-Suisse et au chemin de Lyon à Genève, est administrée par la Compagnie française de la Méditerranée; elle est donc, en quelque sorte, terrain français. On put s'en apercevoir: un inspecteur envoyé par la Compagnie avait la mission formelle d'interdire l'entrée de la gare aux membres du Congrès qui s'étaient rassemblés pour recevoir Garibaldi, et cet ordre fut exécuté avec politesse, mais avec rigueur. Cependant, lorsque le train s'étant arrêté, on vit paraître à la portière du waggon qui amenait le héros, cette belle figure, affectueuse, calme, fière, qui saluait et souriait doucement, les acclamations éclatèrent, la consigne fut oubliée, on se précipita vers lui, on l'entoura, on le salua, et quasi porté par les mains d'une foule respectueuse il fut conduit à la voiture qu'un réfugié hongrois, le comte Czakiy, avait mise, pour l'usage du général, à la disposition du Comité central. Alors se passa un incident, puéril en soi, mais qu'il faut rapporter, parce qu'il fut le premier indice du rôle que M. Fazy a joué dans toute cette affaire. La voiture destinée au général ne contenait que deux places, et naturellement c'était au président du Comité central du Congrès de la paix qu'il appartenait de s'asseoir à côté de Garibaldi, puisque c'était le Congrès qui l'avait invité et procurait à Genève l'honneur de cette visite, et que c'était le Comité central qui lui offrait la voiture, l'appartement, l'hospitalité; mais, au même instant, derrière le général, M. J. Fazy, qui s'était fait nommer président du Comité de réception genevois, jaloux de se montrer au peuple à côté de l'illustre général, essayait d'escalader la voiture, ce qu'il eût fait très-lestement malgré ses 73 ans, si un tiers indigné n'eût avancé le bras pour lui barrer le chemin.

Quel contraste entre cette mesquine ambition qui reste perchée sur le marche-pied de la voiture, et l'admirable enthousiasme du peuple! quels vivats! quelle ardeur! qu'elle joie! quelle ivresse! Au milieu de la foule qui couvrait les talus de la gare, les places, les rues, flottaient les bannières des sociétés populaires venues en bon ordre, et décorées de leurs insignes; à toutes les fenêtres, sur tous les balcons, des dames agitaient leurs mouchoirs; vieillards, femmes, enfants, jeunes hommes, tous d'un même cœur et d'une même joie, saluaient le vainqueur de Marsala, le martyr d'Aspromonte, le futur libérateur de Rome.

Arrivé dans l'appartement qui lui était réservé, Garibaldi parut au balcon, d'où l'on découvre le lac, et, au delà, derrière les hautes montagnes de la Savoie, les dômes étincelants du Mont-Blanc. Les journaux ont publié et les *Annales du Congrès* reproduiront sans doute les paroles qu'il prononça, d'une voix harmonieuse et vibrante, devant la foule pressée sous les fenêtres. Au moment où le général fit une allusion directe à la déchéance de la Papauté : — « Parmi vos compatriotes vous avez eu ici des hommes courageux, qui ont attaqué des premiers cette institution pestilentielle que l'on nomme la Papauté.... » — comme s'il eût pressenti le blâme que M. Fazy devait prononcer contre lui pour ces paroles, il s'arrêta un moment : — « trouvez-vous que j'aie dit une impertinence ? » reprit-il avec sa fine bonhomie, — « non, non, répondirent tout d'une voix les assistants ! bravo, bravo ! point de pouvoir temporel ! Rome aux Romains ! » — «Eh ! bien, reprit Garibaldi, laissez-moi maintenant vous dire une chose qui vous étonnera : Je vous recommande à tous la concorde....»

Même après que le général se fut retiré, l'ovation continua. La musique d'élite fit entendre de nouveau l'hymne de Garibaldi qu'elle avait déjà jouée à la gare et pendant la marche du cortége. Durant toute la soirée, des chœurs et des fanfares populaires exécutèrent sous les fenêtres de Garibaldi les airs nationaux de toute l'Europe. La nuit était sereine, le temps doux et calme ; Genève tout entière était en fête. Au grand étonnement des Français, toute cette joie, toute cette effervescence, toute cette foule n'était point surveillée ; point de gendarmes, point de sergents de ville, point de policemen, point de rixe, point d'accident, le peuple faisait lui-même sa police.

Le lundi 9 Septembre, à deux heures précises, s'ouvrit la première séance du Congrès dans la grande salle du palais électoral, où peuvent se tenir dix mille hommes, et de tous les points de laquelle l'orateur peut se faire entendre.

Nous publierons à la suite de cette notice les discours prononcés, l'un par M. J. Barni, président du Comité central, à l'ouverture de la première séance du Congrès, qu'il présidait à titre provisoire ; l'autre, au commencement de la séance du mardi, par M. P. Jolissaint, membre du Conseil d'Etat de Berne, nommé par l'assemblée, sur la proposition du Comité central, président du Congrès. Ces deux pièces sont le meilleur commentaire du Manifeste, du Programme que l'on a lu plus haut et des Résolutions dont nous donnerons aussi le texte complet.

Le bureau fut ainsi composé :

> GARIBALDI, président d'honneur.
> JOLISSAINT, président, Suisse.
> J. BARNI, vice-président, Français.
> Ch. MENN, secrétaire général, Suisse.
> John ROLLANDAY, trésorier, Suisse.

Ces membres furent nommés d'acclamation par l'assemblée.

En outre les diverses nationalités qui figuraient au Congrès proposèrent, pour faire partie du Comité directeur qui devait être institué par l'assemblée, suivant l'article 4 du règlement adopté,

Les Français :

Edgard QUINET, Victor CHAUFFOUR-KESTNER, Emile ACOLLAS,	vice-présidents.
Louis CHASSIN, A. NAQUET.	secrétaires.

Les Allemands :

Amand GŒGG, Karl GRÜNN, Louis BUCHNEB,	vice-présidents.
ECCARIUS Philippe BECKER.	secrétaires.

Les Italiens :

Mauro MACCHI, Docteur RIBOLI, Fréderico PESCANTINI, Tullio MARTELLO,	vice-présidents.

<table>
<tr><td>Thomaseo,
Alberto Mario.</td><td>}</td><td>secrétaires.</td></tr>
</table>

Les Russes :

<table>
<tr><td>Bakounine,
Ogareff,</td><td>}</td><td>vice-présidents.</td></tr>
<tr><td>Wyrouboff,</td><td></td><td>secrétaire.</td></tr>
</table>

Les Polonais :

<table>
<tr><td>Général Hauke-Bossak,
Major Brazewicz,</td><td>}</td><td>vice-présidents.</td></tr>
<tr><td>Stanislas Służewski.</td><td></td><td>secrétaire.</td></tr>
</table>

Les Belges :

<table>
<tr><td>Gustave de Molinari,
Adolphe Demeur.</td><td>}</td><td>vice-présidents.</td></tr>
</table>

Les Anglais :

<table>
<tr><td>William Odgers,
Cremer.</td><td>}</td><td>vice-présidents.</td></tr>
</table>

Les Suisses :

<table>
<tr><td>James Fazy, de Genève.
Wessel,   »
Dr Lange, de Winterthür,
E. Borel, C. d'Etat, Neuchâtel</td><td>}</td><td>vice-présidents.</td></tr>
<tr><td>J. Soller, des Grisons,
A. Roget, de Genève,
Senn, de Bâle.</td><td>}</td><td>secrétaires.</td></tr>
</table>

On remarquera que sur les 38 membres dont se composaient ainsi le bureau et le Comité Directeur, la Suisse en comptait dix (dont cinq genevois), c'est-à-dire plus du quart. On ne peut donc pas dire qu'elle ne fût pas largement représentée.

Il semblait donc que ce n'était pas de ce côté que l'on devait attendre des entraves à la marche du Congrès.

Malheureusement, dès le premier jour, un Bâlois, M. Schmidlin, était venu combattre l'adoption du programme ; il aurait voulu effacer le caractère politique, ramener le Congrès dans les voies frayées par la Société anglaise de la paix, et réduire ses résolutions à de simples

vœux en faveur de la paix, sans aucune indication de réformes à faire par les peuples dans l'ordre économique
et politique. Le discours de M. Schmidlin, dont quelques
paroles avaient justement irrité une partie de l'assemblée, avait été appuyé par M. Fazy dans son idée fonda-
mentale. Toutefois, comme ni l'un ni l'autre n'avaient
formulé aucune proposition, l'assemblée avait pu passer
outre et voter directement l'adoption du programme
comme base de discussion. Mais la pensée hostile qui venait de se manifester ne devait pas être abandonnée.

Un autre incident avait aussi jeté un certain trouble,
mais bientôt dissipé, dans cette première séance. Un jeune
avocat français, étonné de voir, dans le faisceau de drapeaux qui décorait la tribune, l'aigle impériale placée au-
dessus de la tête de Garibaldi et surmontant le mot *Pax*,
avait présenté une observation à ce sujet. Tout le monde
n'avait pas compris que cette observation ne s'adressait pas
au drapeau de la France, mais à l'insigne qui l'accompa-
gnait, et d'assez vives réclamations s'étaient fait entendre.
M. Clamagéran avait clos cet incident par quelques
paroles très-dignes et très-fermes; mais les ennemis du
Congrès ne pouvaient pas manquer de le tourner contre
l'œuvre dont ils souhaitaient la chute.

Tout cela, cependant, ne suffisait pas. Mais de nouveaux incidents se présentèrent dont ils s'emparèrent habilement pour en faire le nœud de leur intrigue. Dès le
jour de son arrivée, Garibaldi avait très-nettement pro-
clamé la déchéance de la papauté, c'est-à-dire la liberté
politique pour Rome, la liberté de penser pour la conscience
humaine; le lendemain, dans le programme qu'il dévelop-
pa devant le Congrès, le général posa la question religieuse en lui donnant pour fondement la liberté de con-
science(*). Dans la séance suivante, M. de Ponnat, usant

___

(*) Il n'y avait rien là, ce semble, qui dût scandaliser la population de
« la Rome protestante, » ou, comme Garibaldi a aussi nommé Genève, de
« la Rome de l'intelligence. » Une proclamation adressée au peuple de Genève par un grand nombre de citoyens de cette république avait, la veille

de la liberté dont il croyait le bienfait acquis à la république de Genève, indiqua, parmi les causes de l'antagonisme qui divise les peuples, les querelles de religion. A l'appui de son opinion, non-seulement il emprunta à l'histoire la statistique effrayante des victimes du fanatisme religieux; mais usant, avec peu de ménagement peut-être, d'un droit incontestable, il releva dans les livres sacrés du christianisme, dans l'évangile lui-même, des textes qui, à ses yeux, consacrent le principe d'antagonisme.

Un autre orateur, parlant au nom du Congrès de Lausanne, où l'on s'était exclusivement occupé d'économie sociale et politique, introduisit, de son côté, devant le Congrès de Genève, la question sociale, et indiqua parmi les causes qui maintiennent la lutte entre les individus et entre les peuples, la difficulté qui se rencontre à chaque pas pour accorder les intérêts du capital avec les intérêts du travail.

Assurément les orateurs qui abordaient ainsi la question religieuse et la question économique n'étaient pas aussi éloignés qu'on l'aurait cru d'abord du programme que l'on venait d'adopter. Le Congrès venant établir la *Ligue de la Paix et de la Liberté*, rencontrait forcément sur sa route les luttes religieuses d'une part, les luttes économiques de l'autre; on ne supprime point les questions en les passant sous silence. On devait croire enfin que Genève était une terre de liberté où l'on pouvait dire tout haut ce qui, même en France, s'imprime chaque jour, et nous ne doutons point que, laissé à lui-même, le peuple de Genève n'eût très-dignement justifié sa vieille réputation de libéralisme(*). Mais les hommes qui s'étaient

de l'arrivée de Garibaldi, exprimé hautement les mêmes principes, aux applaudissements du public. — On trouvera à l'*Appendice* cette affiche, qui mérite d'être conservée pour la gloire de Genève.

(*) Quelques jours avant le Congrès, le samedi 24 août, avait eu lieu au Stand de la Coulouvrenière, une réunion de plusieurs milliers d'ouvriers. Le président du Comité central, M. Barni, invité à y exposer les principes du Congrès, y avait commenté le programme dans un discours fort applau-

promis de faire avorter le Congrès étaient à l'affût d'une occasion; ils crurent l'avoir trouvée et se hâtèrent de la mettre à profit.

On commenta les paroles prononcées, on les grossit; entre l'orthodoxie protestante, l'intolérance catholique et l'irritation des banquiers et des capitalistes, l'alliance, habilement négociée, fut vite conclue. Dès le mardi soir on placardait dans la ville la lettre suivante, adressée au Conseil d'Etat par un certain nombre de catholiques de Genève, et dont la rédaction, à la fois mensongère, hypocrite et violente, étonna fort les étrangers et scandalisa le peuple.

« Messieurs,

Les soussignés, citoyens suisses et genevois, viennent, en leur qualité de catholiques, protester hautement contre les faits qui se passent sur le sol suisse et dans notre république et canton de Genève.

Sous le prétexte du Congrès de la paix, nous avons entendu des paroles qui sont une excitation à la guerre civile, une violation du respect dû à la conscience de la moitié des habitants du canton de Genève.

Nous devons à notre honneur de faire une protestation publique et de manifester hautement notre intention de voir toutes nos libertés, et surtout nos libertés religieuses, respectées.

Notre neutralité est le gage de notre sécurité pour l'avenir, comme elle l'a été pour le passé.

Confiants dans votre sollicitude pour la paix et la bonne harmonie entre les citoyens, nous espérons que, par votre influence, les étrangers n'abuseront pas de notre sol hospitalier pour injurier nos convictions.

Veuillez agréer, etc.

Au nom d'un grand nombre de leurs concitoyens ».

(Suivent 31 signatures).

---

di, et ce programme avait été acclamé par l'assemblée tout entière. Une adresse chaleureuse, proposée par le citoyen Perron, avait été votée à l'unanimité. Nous donnerons dans l'*Appendice* le texte de cette adresse.

La journée du mercredi, pendant laquelle les discussions et les délibérations du Congrès continuèrent avec un certain ordre, bien qu'il fût aisé de surprendre dans la salle, et jusqu'autour des tables réservées aux journalistes, les signes d'une agitation dont les promoteurs paraissaient visiblement obéir à un mot d'ordre (*), la journée du mercredi fit voir clairement où était le centre de ce qu'un journal a très-bien appelé : « Un coup monté. »

Nous avons déjà dit que les diverses nationalités réunies en sous-comités, avaient, dès le lundi ou le mardi matin, désigné les membres du Comité directeur, dont la présentation leur avait été réservée. On avait aussi remarqué la lenteur avec laquelle le bureau suisse s'était formé. Le mardi, M. Fazy, nommé l'un des vice-présidents de ce bureau, était venu dire à la tribune « qu'il regrettait de ne pouvoir accepter sa *nomination.* » Il avait, disait-il, pour ce refus des « *raisons personnelles.* »

M. Wessel, qui, à Genève, représente une sorte de tiers-parti, était venu déclarer qu'il suivrait l'exemple de M. Fazy, dont il est l'adversaire politique ; on ne fit pas, cependant, grande attention à ces déclarations, dont on n'apercevait pas encore les vrais motifs ; mais, le mercredi, un autre adversaire de M. Fazy, maintenant d'accord avec lui, M. Amédée Roget, vint naïvement révéler le mot de l'énigme : « Les délégués suisses n'ont pas pris part à l'élaboration du programme présenté.... Il y a un tel échauffement dans l'assemblée, tant de questions étrangères abordées, tant de redondance de paroles, que lui et ses collègues craignent que le *Congrès ne puisse aboutir.* Il faut le regarder, sans doute, comme une simple étude pour l'avenir. » Par ces démissions combinées, le bureau suisse se trouvait incomplet, et ceux qui venaient de se retirer à la dernière minute, dégageaient ainsi le terrain sur lequel ils allaient commencer leurs manœuvres, et se

---

(*) De jeunes tapageurs déclaraient tout haut qu'ils avaient pour but de faire crouler le Congrès.

donnaient toute facilité pour tendre le piége où ils comptaient bien pousser le Congrès.

Cependant, si l'on voulait faire «échouer» le Congrès, il fallait se hâter ; car, sans s'occuper des démissions que l'on venait de donner avec tant de solennité, le Bureau n'avait point perdu de temps : il avait, suivant la mission qu'il avait reçue de l'Assemblée, rédigé les Résolutions sur lesquelles le Congrès devait voter le lendemain, et ces résolutions, traduction ou plutôt résumé exact du programme, si elles étaient votées, consacraient les principes posés dès le premier jour dans le Manifeste ; elles assuraient la permanence du Congrès, et sous le nom de *Ligue de la Paix et de la Liberté* elles créaient la première institution de politique européenne que l'histoire ait encore vue.

Voici quel était le texte de ces Résolutions :

« Considérant que les gouvernements *des grands États d'Europe* se sont montrés incapables de conserver la paix et d'assurer le développement régulier de toutes les forces morales et matérielles de la société moderne ;

« Considérant que l'existence et l'accroissement des armées permanentes constituent la guerre à l'état latent, sont incompatibles avec la liberté et avec le bien-être de toutes les classes de la société, et principalement de la classe ouvrière ;

« Le Congrès international, désireux de fonder la paix sur la démocratie et sur la liberté,

« Décide :

« Qu'une Ligue de la Paix et de la Liberté, vraie fédération cosmopolite, sera fondée ;

« Qu'il sera du devoir de chaque membre de cette Ligue :

« De travailler à éclairer et à former l'opinion publique sur la véritable nature du gouvernement, exécuteur de la volonté générale, et sur les moyens d'éteindre l'ignorance et les préjugés qui entretiennent les diverses causes de guerre ;

« De préparer par ses constants efforts la substitution du système des milices nationales à celui des armées permanentes ;

« De faire mettre à l'ordre du jour, dans tous les pays, la situation des classes laborieuses et déshéritées, afin que le bien-être individuel, en général, vienne consolider la liberté politique des citoyens ;

« Décide en outre :

« Qu'il sera institué un Comité central permanent, siégeant à Genève, et chargé :

1° De provoquer et recueillir des adhésions individuelles ou collectives, notamment de faire appel aux associations existantes ou à créer dans les divers pays, afin qu'elles réunissent leurs efforts pour la propagation des principes proclamés par le Congrès de la Paix ;

2° De préparer les réunions futures du Congrès, soit à Genève, soit en toute autre ville libre d'Europe ;

3° De rédiger et faire publier les Annales du Congrès ;

4° De fonder, à Genève ou à Bâle, un journal franco-allemand, sous le titre *Les États-Unis d'Europe;*

5° D'encaisser les cotisations des adhérents, fixées au minimum de 10 centimes par mois ou de 1 fr. 20 par an, et d'en faire l'emploi le plus utile à l'œuvre commune, sauf à en rendre compte à chaque session du Congrès. »

Quand les meneurs virent l'activité calme avec laquelle l'assemblée, d'accord avec le bureau nommé par elle, marchait à son but, ils prirent rapidement leurs dernières mesures. Dès le mercredi matin, une partie des drapeaux qui pavoisaient la ville avaient disparu. Partout, mais surtout dans les conciliabules protestants, dans les salons de l'aristocratie, dans les sacristies catholiques, on agitait les spectres du « socialisme et de l'athéisme. » On répandait le bruit, soigneusement envoyé aux journaux de Paris, que Garibaldi, instruit de la déconfiture imminente du Congrès, s'était prudemment esquivé. La vérité était que le général, ainsi qu'il l'avait annoncé dès son arrivée, était forcé de repartir le mercredi, parce qu'il était appelé ailleurs par des circonstances impérieuses (*). On ne s'en

***

(*) Voir, à l'*Appendice*, la lettre écrite de Genestrelle, le 16 septembre, par le général Garibaldi.

tenait plus à de simples affiches, on convoquait des assemblées, sinon populaires, du moins populeuses; c'était un
bruit public à Genève, le mercredi soir, que des hommes
armés de bâtons avaient été introduits en ville. Pendant
la séance du mercredi, la physionomie de la salle du Congrès avait changé d'une façon visible; des figures nouvelles et singulières s'y étaient montrées en grand nombre;
beaucoup de membres du Congrès avaient été provoqués
de paroles par des gens de mine suspecte; à l'issue de la
séance, M. Acollas avait été entouré, insulté, menacé.
Le soir, dans une réunion tenue à la Coulouvrenière et
dans laquelle M. Fazy avait pris la parole et tenu le haut
bout, on parla tout simplement de « balayer le Congrès »
et de « jeter dans le Rhône » ces impies, ces Français dont
la présence compromettait le peuple de Genève. Il est
vrai que *le grand-père,* comme on appelle familièrement
à Genève M. Fazy, voulut bien s'employer à tempérer
cette effervescence, et cela d'une façon tout à fait singu-
lière : « Il était vrai que les Suisses n'étaient pas repré-
sentés au Congrès, que plus de quarante orateurs avaient
été à dessein inscrits avant lui, qu'on voulait l'empêcher
de parler, qu'il fallait donc garantir la sécurité du canton,
fermer la bouche à ces déclamateurs ignorants et vains,
les empêcher de compromettre Genève; mais les coups de
bâton pouvaient bien être de trop; il suffirait — ainsi que
le *Journal de Genève* le répétait le lendemain — « de s'opposer ÉNERGIQUEMENT à toute résolution dangereuse
pour la sécurité et compromettante pour la neutralité de
la Suisse. »
Une heure après la minute où se séparait l'assemblée
de la Coulouvrenière, la réunion des membres français du
Congrès, exactement instruite de ce qui venait de s'y
passer, prenait la résolution de laisser le lendemain matin
la tribune à la disposition la plus entière de M. Fazy ; les
Allemands et les Italiens s'arrêtaient à la même pensée,
et, forçant ainsi l'intrigue à se montrer à découvert, ils
ne lui laissèrent pour recours que les dernières violences.

En effet, la tactique des ennemis du Congrès était fort simple : ameuter en ville les cléricaux, les orthodoxes, les banquiers et les capitalistes ; introduire dans l'assemblée des affidés, y créer une majorité et faire repousser par cette majorité toutes les Résolutions et surtout celle qui déclarait la permanence du Congrès ; si l'on ne pouvait enlever la majorité, faire un tel tumulte, soulever une telle confusion, que l'on eût au moins le moyen, le télégraphe et les journaux de Genève aidant, de faire croire à l'Europe, ne fût-ce que pendant deux jours, que le Congrès avait « misérablement avorté. »

Voici de quelle façon ce beau plan fut déjoué par le calme de l'assemblée, par l'union cordiale de ses membres, par la prudente et vigilante énergie de MM. Jolissaint et Barni, par le sang-froid du Bureau, et, nous le disons avec gratitude, par le concours du peuple de Genève, qui fit la majorité et qui, nous en avons la profonde conviction, n'aurait témoigné tout entier que des sympathies au Congrès, si certains meneurs n'en avaient égaré une partie.

II.

Le jeudi, 12 septembre, était le dernier jour de la session du Congrès ; beaucoup de membres, rappelés par leurs affaires, devaient repartir le soir ou même dans la journée, et la séance avait été indiquée pour neuf heures du matin. A huit heures, la salle commençait à se remplir, sans que rien indiquât les préoccupations qui agitaient les esprits. Nous copions, sur le carnet d'un journaliste français, quelques lignes écrites pendant ces premières minutes :

Genève, 12 septembre 1867, Palais électoral, 8 ¼ h. du matin.

Le jour a-t-il conjuré les spectres de la nuit ?... Un vif soleil égaye la vaste salle et se joue à travers les eaux jaillissantes qui retombent en murmurant (*). Une trentaine de dames matinales, à peine autant d'hommes épars sur les bancs, six journalistes penchés sur leurs tables et griffonnant à l'envi, tel est, à cette heure, l'aspect de cette grande arène qui, dans une demi-heure, va s'emplir de bruit, de clameurs, et peut-être de violences! J'espère que le *Congrès de la Paix* méritera jusqu'à la fin son beau nom. Les Allemands, les Italiens, les Français, qui sont la majorité, sont tous animés d'un grand esprit de calme, de justice et de patience. Attendons les événements.....

A neuf heures un quart, tous les membres du bureau étaient à leur poste. M. Fazy, bien que démissionnaire, était assis sur un fauteuil, au coin de l'estrade, à droite. La salle était déjà pleine et fort bruyante; les figures étranges qui avaient commencé de se montrer la veille étaient en plus grand nombre, et envahissant des deux côtés les bancs qui se rapprochaient de l'estrade, formaient comme une ceinture autour du centre où s'étaient groupés, les Français, les Italiens, les Allemands et les autres représentants des nationalités européennes; deux cents dames environ avaient, comme d'habitude, occupé les places qui leur étaient réservées. Sur les marches de l'estrade, un grand nombre de membres du Congrès s'étaient assis; parmi eux on remarquait M. Wessel, l'un des chefs de ce parti genevois dont nous avons déjà parlé; autour des cinq tables réservées aux sténographes et aux journalistes se groupaient les représentants des principaux journaux de France, d'Angleterre, d'Allemagne et d'Italie; parmi eux une dame, madame Mario Alberto, correspondant d'une feuille de Londres; un certain nombre d'assistants placés en arrière portaient de grosses cannes.

D'une voix très-ferme, mais fatiguée jusqu'à l'enrouement, le Président, M. Jolissaint, ouvrit la séance par un discours fort écouté. Il y faisait directement allusion aux bruits menaçants qui circulaient depuis la veille; il

---

(*) Une vaste fontaine, placée au centre du *Bâtiment électoral*, y rafraîchit l'atmosphère et se tait à volonté pour laisser parler les orateurs.

rappelait avec beaucoup de force que chaque orateur répondait individuellement de ses paroles, mais que le Congrès en corps n'était responsable que de ses résolutions. « Il aurait compris ce qui s'est passé, si l'on avait été sur un autre sol que le sol de la Suisse ! Ce qu'on a pu faire en Belgique, sur un sol monarchique, il faut qu'on puisse le faire dans notre république. » Après avoir exhorté tous les assistants au calme et à la dignité, M. Jolissaint annonçait que, pour enlever tout prétexte d'agitation, quarante-six orateurs inscrits avant MM. Fazy et Carteret renonçaient à leur tour de parole.

M. Fazy était présent. Il dut prendre le premier la parole, et prononça un fort long discours fort patiemment écouté, malgré tout ce qu'il contenait d'impatientant. Les conclusions de ce discours tendaient, en ce qui concernait la première et la seconde question du programme, à les effacer purement et simplement « comme oiseuses et inutiles ; » et en ce qui touchait la troisième à « l'ajourner à trois mois. »

Or la première et la seconde question formaient précisément la partie du programme qui, faisant l'originalité du Congrès, lui donnait le caractère politique qu'il avait voulu prendre et qu'il a gardé ; la troisième concernait la permanence du Congrès et sa transformation en une ligue durable. Le plan de M. Fazy se montrait à découvert, et lui-même l'avouait fort clairement : « Ce qu'il y avait de mieux à faire serait d'ajourner le Congrès.... autrement les résolutions discutées risquent d'être rejetées. »

On trouvera peut-être un peu naïve, pour un tel politique, cette façon ouverte de demander au Congrès de se suicider ; mais il est juste de faire la part de l'imprévu. M. Fazy ne s'était peut-être pas attendu à parler le premier ce jour-là ; certainement il n'avait pas dû s'attendre à la patience imperturbable avec laquelle il fut écouté. Pris au dépourvu, sa vraie pensée se fit jour, sans doute, plus qu'il ne l'eût voulu, et l'on put voir clairement dans quel intérêt il agissait, et quelle cause il voulait servir.

M. Wessel lui répondit en quelques mots où il prenait, au nom de la dignité du peuple de Genève, la défense de la liberté de penser et de parler. Un autre Genevois, M. Carteret, parla ensuite dans le même sens que M. Fazy, et aussi longuement. A peine avait-il quitté la tribune que l'assemblée réclama et prononça la clôture de la discussion générale.

D'un accord unanime, les Allemands, les Italiens, les Français qui avaient déjà cédé leur tour de tribune, renoncèrent définitivement à la parole ; quatre ou cinq orateurs seulement voulurent user de leur droit et furent patiemment entendus, mais non pas écoutés.

A onze heures, lorsqu'il fut bien constaté que personne ne demandait plus la parole, M. Barni, après avoir expliqué à l'assemblée que la fatigue avait momentanément enlevé à M. Jolissaint tout moyen de se faire entendre, mit aux voix, en termes très-explicites et très-clairs, traduits aussitôt en allemand par M. Beust (*), la proposition Fazy et Carteret.

On vota à main levée, épreuve et contre-épreuve, et quoiqu'un grand nombre d'individus, ayant franchi la barrière qui séparait le public des membres du Congrès, votassent avec ceux-ci ; quoique certains meneurs eussent donné à leur entourage la consigne de voter avec les deux mains, la majorité se prononça contre la proposition, et ce résultat, constaté unanimement par le bureau, fut déclaré du haut de la tribune par le vice-président.

Aussitôt grand tumulte, cris de toute espèce, réclamations violentes ; les *messieurs* armés de cannes frappent sur les bancs et jusque sur les tables des journalistes.

La majorité reste calme et consent à l'instant à une épreuve nouvelle par assis et levé.

Même résultat : une majorité plus forte se déclare contre la proposition Fazy.

(*) M. Beust avait été nommé par les Allemands membre du Comité directeur en remplacement de M. Eccarius, démissionnaire.

On va mettre aux voix les Résolutions déjà lues à l'assemblée dans la séance de la veille. Il est évident que la majorité qui vient, à deux reprises, de se prononcer avec tant de force, est favorable, et qu'elle va voter les résolutions proposées…. Que peuvent tenter encore ceux qui se sont chargés de faire « avorter le Congrès? » Il ne leur reste plus qu'à empêcher le vote !

Le tumulte recommence et arrive au comble ; des bouches pareilles à celles qui soufflent dans les trompettes du jugement dernier de Michel-Ange, s'enflent et s'ouvrent, formant une ceinture de cris, d'injures, et bientôt de sons inarticulés autour de l'assemblée, qui reste calme ; et en face du bureau qui demeure attentif, les cannes recommencent leur roulement. M. Fazy, interpellé par le président Jolissaint, et sommé, au nom de l'honneur suisse, de s'interposer pour rétablir l'ordre, déclare qu'il n'y peut rien (*).

Sur quelques mots de M. Chassin, appuyé par M. Rollanday, M. Wessel, donnant une nouvelle preuve du vrai libéralisme qui l'avait déjà inspiré dans cette séance, monte de nouveau à la tribune ; un peu de silence se fait ; l'orateur en profite pour faire appel à la dignité du peuple genevois, et pour remontrer que le bureau ayant, à deux reprises, constaté le vote de la majorité, il n'y a aucun prétexte de contester sa décision, ni aucun moyen raisonnable d'y échapper. Il faut ou que l'assemblée déclare qu'elle n'est pas une assemblée délibérante, ou qu'elle accepte son propre vote.

La raison et la dignité sont si bien du côté de M. Wessel, que les meneurs hésitent et que le tumulte s'apaise. Les Résolutions, déjà lues la veille, et qui viennent d'être relues, du haut de la tribune, par MM. Chassin et Soller, mais avec cette modification que le choix du siége du Co-

___

(*) M. Fazy a nié le fait dans son journal, *La Suisse radicale*, mais M. Jolissaint l'a confirmé publiquement dans un discours prononcé à Berne.

mité central permanent serait réservé, et que l'organisation de ce Comité serait confiée aux soins du Comité directeur; ces Résolutions ainsi modifiées sont mises aux voix. Les messieurs à cannes jouent alors leur dernière carte. La *boîte aux giffles* ou le *temple d'Héraclée*—comme les Genevois appellent eux-mêmes leur palais électoral, — s'emplit d'un tumulte dont rien ne peut donner l'idée ; mais l'assemblée, très-résolue, très-ferme, reste calme au milieu de cette tempête. Les meneurs n'osent pousser les choses jusqu'à la violence sur les personnes, et les Résolutions sont votées à une majorité incontestable.

Spectacle admirable que le calme patient et résolu de tous ces hommes, déclarant pacifiquement et tranquillement leur volonté, malgré les cris et les gestes menaçants de tant d'énergumènes !

Aussitôt le vote acquis et constaté par le Bureau, le président le proclame, déclare close la première session du Congrès international de la paix, lève la séance et se couvre.

Les membres du Congrès se retirent alors paisiblement, laissant les agitateurs furieux, maîtres de l'estrade, de la tribune et de la salle.

Deux heures après avait lieu la promenade sur le lac annoncée par le programme. Elle se ressentit naturellement des entraves et des orages qu'on avait suscités au Congrès. La musique de la Landwehr, qui avait promis son concours, n'avait pas été décommandée, comme un journal l'a prétendu; mais elle s'était fait excuser la veille par l'organe de son capitaine. Le même journal a remarqué qu'aucun membre du Bureau n'avait pris part à la promenade. Le fait est vrai, mais il faut ajouter que pendant ce temps le Comité directeur tenait une dernière séance, qui ne souffrait pas de retard(*). Y a-t-il lieu, d'ailleurs, de s'étonner qu'après la séance du matin les étran-

---

(*) Nous publions, dans l'*Appendice*, les Résolutions qui furent adoptées dans cette dernière séance par le Comité directeur.

gers ne se soient guère sentis d'humeur à prendre part
à une fête quelconque?

Aussi un grand nombre s'abstinrent-ils de paraître le
soir au banquet d'adieu, qui fut servi dans ce palais électoral où avait éclaté, quelques heures auparavant, une si
violente tempête. Cinq cents membres environ y prirent
part, mais sans entrain et sans gaieté : le souvenir des
scènes du matin pesait encore sur tous les esprits. Au
dessert, M. Barni, qui présidait le banquet en l'absence de
M. Jolissaint, porta un toast, fort applaudi, *à la Confédération suisse et à la République de Genève*, et, à l'appui
de ce toast, lut une proclamation que le Comité directeur
venait de rédiger et qui fut affichée le lendemain (*).

D'autres toasts, non moins applaudis, furent ensuite
portés : *à M. Barni*, par M. Soller; *à M. Jolissaint*, par
M. Gœgg; *à la Concorde*, par M. Chassin; *à l'Avenir du
Congrès*, par M. Bakounine; *à la Pologne*, par M. Mario;
à Garibaldi, par M. Stefani; *à la Paix*, par M. Abac; *à
l'Education du peuple*, par M. Charles Vogt. Tout avait
bien cheminé jusque-là; mais un toast malencontreux de
M. Jousserandot, invitant les Français *à la modestie*, vint
jeter de nouveau l'irritation parmi ceux-là mêmes qu'une
pensée de concorde et de réconciliation avait attirés au
banquet, et occasionna un petit tumulte à la suite duquel
le président crut devoir se retirer.

Un autre incident mérite d'être relevé. Un membre du
Comité directeur, M. Demeur, avocat à Bruxelles, s'était
chargé de faire circuler, pendant le banquet, une adresse
de félicitations à MM. Jolissaint et Barni, et il avait déjà
recueilli plus de cinq cents signatures, lorsque l'adresse fut
escamotée. M. Demeur adressa aux journaux de Genève
une lettre où il racontait ce fait et donnait le texte de l'a-
dresse escamotée, mais aucun ne daigna insérer cette
lettre (**).

(*) Voir cette proclamation à l'*Appendice*.
(**) Nous publions dans l'*Appendice* le texte de l'adresse escamotée.

III.

Tel est l'historique sommaire, sans aucun doute incomplet, mais fidèle, du Congrès de Genève. Celui qui écrit ces lignes faisait partie du Congrès, assistait à toutes les séances, et peut revendiquer l'honneur d'avoir été l'un des promoteurs d'une réunion pour laquelle il lui paraît, plus que jamais, que le mot dont on a peut-être abusé «assises de la démocratie européenne» n'est point trop ambitieux.

Peut-être trouvera-t-on que le récit qu'on vient de lire abonde en détails et descend avec trop de complaisance dans le fond d'incidents qu'on traitera de minutieux. La réponse est aisée, et l'excuse est fournie par la facilité déplorable, pour ne point user d'un mot plus énergique, avec laquelle les journaux de Paris, de Londres, même des journaux libéraux, même des feuilles qui se disent démocratiques, ont accueilli sans examen, sans contrôle, *argent comptant*, comme l'on dit, les calomnies de la réaction césarienne et cléricale. Vaincus, mais non décontenancés par le vote du 12 septembre, les meneurs ont eu recours tout simplement au mensonge. Le jeudi soir, pendant le banquet, ils faisaient crier dans les rues de Genève la *dissolution* du Congrès; le même jour, le télégraphe répandait en France et à travers l'Europe le bruit que le Congrès avait été dissous par le parti radical; et le lendemain les feuilles de Genève, qui, ce jour-là, se sont fait une fort belle place aux premiers rangs de la presse réactionnaire, annonçaient «que le Congrès avait avorté au milieu du bruit, et dans une telle confusion, qu'aucun vote n'avait été possible, qu'aucune résolution n'avait été prise.» Sur quoi la nouvelle de la déconfiture du Congrès de Genève a fait le tour du monde, devenant, qui pis est, un texte d'accusations violentes pour les uns, et de condoléances hypocrites pour les autres.

Ni le Congrès de Genève, ni la *Ligue de la Paix et de la Liberté*, qu'il a fondée et dont le siége est aujourd'hui à Berne, ne doivent être défendus par des paroles; leur vraie défense est et sera dans leurs actes.

La seule chose à faire est de rétablir la vérité des faits.

Cette œuvre est trop nouvelle pour être comprise au début, sinon par ceux qui, eux-mêmes, en ont déjà le germe dans leur cœur et l'idée au fond de leur pensée.

Il s'agissait, à Genève, non point d'emboiter le pas à la suite des Congrès de la paix tenus par la Société de Londres, non point de répéter, sur un mode nouveau, le vieil hymne à la paix, que les gouvernements les plus enclins et les plus résolus à la guerre laissent chanter sur les places publiques, et dont leurs diplomates ont pour consigne de répéter eux-mêmes quelques strophes; le Congrès de Genève faisait une grande tentative : il essayait de fonder, en dehors des gouvernements, non-seulement sans leur permission, mais, on peut le dire hardiment, contre leur volonté, une *institution démocratique européenne* durable, permanente qui, n'ayant d'autre base que l'initiative privée et le libre concours du plus grand nombre possible d'Européens, créât la PATRIE EUROPÉENNE, ralliât vers un même but les démocrates libéraux de toute nation, devînt la première assise des ETATS-UNIS D'EUROPE, et remplît, dès 1867, une fonction *vide*, inaperçue peut-être par les gouvernements : la *fonction politique* européenne.

Qu'y a-t-il d'étonnant qu'une telle tentative, réalisation essayée des pensées les plus hautes de la philosophie moderne, première incarnation, si l'on ose le dire, de l'utopie entrevue par les plus grands génies, n'ait pas été comprise de la même façon; nous ajouterons même, dans toute sa grandeur, par les vingt-cinq orateurs qui, sans aucun concert, avec une entière liberté de paroles et de pensées, se sont, pendant quatre jours, succédé à la tribune? Ce qu'il faut admirer, au contraire, comme un des signes politiques et sociaux les plus éclatants de ce temps, c'est que des Prussiens et des Français, des Italiens et des Belges, des Anglais et des Russes, venus de tous les points de l'Europe, se soient trouvés, sans s'être jamais vus, dans un tel accord, dans une entente si intime, dans une fraternité si étroite, qu'ils aient pu, à travers les intrigues et malgré les ennemis de toutes les polices et de toutes les réactions, fonder en quatre jours une véritable institution politique.

Les « maladroits », ainsi que les ont appelés même leurs amis, qui ont introduit, jeté si l'on veut, au milieu du Congrès la question religieuse et la question sociale, maladroits tant qu'on voudra, ont fait au Congrès beaucoup plus de bien que de mal ! Ils ont élargi son programme, ils l'ont rendu complet. .

Se figure-t-on par hasard que la société démocratique européenne puisse se reconstituer en laissant à l'écart la question religieuse et la question économique ? *Le pain et la foi* n'ont-ils pas de tout temps compté parmi les causes principales qui ont armé les hommes ? Peut-on fonder la paix, la paix durable, la paix profonde, la vraie paix, sans fonder la paix religieuse et la paix économique. Il eût donc manqué quelque chose au *Congrès international de la Paix*, si la question religieuse et la question sociale étaient restées consignées à sa porte. Une seule chose est à regretter, c'est que la brièveté du temps et la nécessité de lutter contre les manœuvres de M. Fazy et consorts, aient empêché un plus grand nombre d'orateurs de se faire entendre. Mais quel mal, au fond, y a-t-il à ce que Garibaldi, par la rude franchise de sa parole, ait à la fois scandalisé les catholiques et, pendant quelques instants, certains rationalistes ? Quel mal que l'orthodoxie des économistes ait eu à réclamer énergiquement contre les propositions un peu crues des socialistes de Lausanne ? Beaucoup de ces hommes qui s'étaient librement et hardiment contredits n'ont-ils point, à la fin, levé ensemble leurs mains fraternelles pour voter un programme commun et des résolutions unanimes ?

On a parlé de l'impuissance du Congrès de Genève ! N'est-ce rien que l'adoption, par quatre mille Européens, d'un programme dont l'excellente rédaction embrasse et pose clairement, en quarante lignes, les questions les plus graves de la politique du monde ?

N'est-ce point un gage que cette franche union des Allemands et des Français, dont Genève a donné le spectacle ? Union qui n'est point seulement du cœur, mais de l'intelligence ; non-seulement un sentiment, mais une idée !

N'est-ce point un acte que cette déclaration solennelle portée publiquement contre les gouvernements des grands États de l'Europe, convaincus devant les peuples d'impuissance à fonder la paix ?

N'a-t-elle donc point un sens cette formule : les *Etats-Unis d'Europe*, votée par les représentants de tous les peuples, et qui dans un mois sera passée dans la polémique courante de tous les journaux ?

N'est-ce point un acte et un acte de la plus haute gravité que l'exécution déjà donnée au vote du 15 septembre par la constitution, à Berne, du Comité central permanent de cette *Ligue de la Paix et de la Liberté*, fille du Congrès, exécutrice de ses volontés, et qui prépare à cette heure la publication du premier journal européen ?

Cette dernière séance du jeudi 12 septembre, dont les césariens et les réactionnaires ont si indignement essayé de travestir le caractère, n'est-elle pas une image, un symbole et comme une prophétie ?

L'Europe à cette heure offre, sur une vaste échelle, le spectacle que donnait le 12 septembre le Palais électoral de Genève : un tumulte effroyable, une anarchie violente sans fond ni limites, toutes les passions, filles de la violence, de la ruse et de la peur, déchaînées, toutes les hypocrisies jetant et reprenant leur masque ; en un mot : la guerre !

Mais, au milieu de cette mer furieuse, un groupe d'hommes courageux, pacifiques, calmes, énergiques et résolus, hier inconnus les uns aux autres, aujourd'hui unis par une même pensée, saisis d'une même confiance, s'associant simplement mais étroitement pour une même œuvre, s'inclinant sous un même drapeau, drapeau nouveau, le *drapeau de l'Europe*, inscrivant tous sur ce drapeau la même devise : *La paix par la liberté !*

Cette maxime, qui a fait à Genève la force de ce petit nombre, fera la force des peuples ; elle vaincra tous les despotismes, et le triomphe vainement contesté du Congrès de Genève est le prélude et la prophétie du triomphe de la démocratie libre.

APPENDICE

I.

Discours d'ouverture, prononcé par M. Jules Barni, président du Comité central, dans la séance du lundi 9 septembre.

Messieurs les membres du Congrès international de la Paix,

Nous voici rassemblés, des divers points de l'Europe, sur le libre sol de la Suisse, pour discuter l'une des plus grandes questions pratiques que les hommes puissent se proposer. Si, comme l'a enseigné la philosophie du dix-huitième siècle par la grande voix de Kant, l'état de guerre ou, ce qui est à peu près la même chose, de paix armée, où les nations vivent entre elles, est un état barbare que condamne la raison et que le progrès de la civilisation doit détruire ; si c'est le devoir non moins que l'intérêt des peuples de travailler à substituer à cet état de barbarie un état légal qui règle leurs relations internationales, comme l'état civil règle en chacun d'eux les relations individuelles ; si le règne de la paix entre eux est ainsi le but qu'ils doivent poursuivre, comment parviendront-ils à l'atteindre, ou tout au moins à s'en rapprocher de plus en plus ?

L'énonciation même de cette question et la réunion de ces grandes assises de la démocratie européenne, appelées ici à la débattre, ce fait nouveau dans l'histoire de l'humanité est déjà le signe du progrès qui s'est accompli dans les idées, en attendant qu'il passe dans la réalité. On rit moins aujourd'hui qu'il y a un siècle des rêves du bon abbé de Saint-Pierre, et l'on commence à reconnaître que l'idéal tracé par le philosophe Kant (une confédération d'États républicains) n'était pas absolument chimérique. Je trouve un autre symptôme du même progrès dans les protestations qui ont éclaté récemment au sein des peuples contre la détestable guerre qui les menaçait, et à ce propos contre toute guerre d'oppression et de conquête en général. Publicistes indépendants, industriels, étudiants, ouvriers, cette matière jusque-là trop docile de la chair à canon, ont pour la première fois poussé en commun, au nom du droit et de la civilisation, un cri de réprobation contre la guerre. C'est cette manifestation même qui a suggéré la première idée du Congrès que nous inaugurons aujourd'hui.

Malheureusement, pendant que ce progrès s'opère dans un grand nombre d'esprits et se traduit dans le Congrès international qui nous réunit, un mouvement en sens inverse se propage en Europe et menace d'y perpétuer l'état de guerre. Je veux parler du développement du césarisme ou de ce régime de monarchie militaire qui sacrifie les libertés de tous au pouvoir d'un chef d'armée, mesure la puissance de l'État au nombre des soldats qu'il peut entretenir et cherche à étendre sans cesse les agglomérations d'hommes qu'il courbe sous ses lois. De quelques voiles que se couvrent les envahissements de ce régime, principe des nationalités, ou principe des frontières naturelles, ou principe de l'unité, son triomphe, qui serait la ruine de tout ce qui reste en Europe de liberté constitutionnelle ou républicaine, rendrait toute paix à jamais impossible, si ce n'est la paix des tombeaux. *(Applaudissements.)*

Prenons donc garde que ce fléau ne frappe de stérilité et de mort la société moderne, comme il a tué la société antique. Travaillons à opposer à l'esprit césarien l'esprit républicain, à l'esprit militaire l'esprit civique, à l'esprit de centralisation l'esprit de fédération; en un mot, à l'esprit de despotisme et de guerre, l'esprit de liberté et de paix *(Applaudissements.)*

La paix est, en effet, inséparable de la liberté, comme le despotisme enfante nécessairement la guerre. Le souverain qui a besoin d'une armée à ses ordres pour soutenir son omnipotence, a besoin de la guerre pour soutenir cette armée; et comme il est le maître de la déclarer à qui il veut et quand il veut, il engage ses sujets, pour satisfaire ses intérêts ou ses caprices, en des expéditions où ils sont forcés de le suivre, alors même qu'ils les désapprouvent. Telle a été, par exemple, la cause des guerres qui ont ensanglanté l'Europe pendant tant d'années sous l'Empire (pour ne parler que du passé). Alors même que le césarisme ne fait pas la guerre, il en tient en quelque sorte la crainte toujours suspendue, comme une épée de Damoclès, sur la tête des peuples, qui restent ainsi constamment sur le *qui vive*, chaque jour incertains du lendemain et chaque jour se demandant, au réveil, si c'est la guerre ou la paix qui va sortir des résolutions de leur souverain. De là une paix qui, par l'effet de cette incertitude et par l'entretien d'une armée permanente et d'armements formidables, n'est pas beaucoup moins onéreuse que la guerre même. De là, guerre ou paix, le déve-loppement de ce détestable esprit qui marie la licence à la disci-pline, et pour qui le comble de la gloire est le massacre des hommes, l'esprit militaire, le militarisme, ce compagnon du césarisme. Voilà le mal qu'il faut combattre en travaillant à restituer aux peuples les libertés vitales dont les dépouillent les gouvernements despotiques, de telle sorte que leur sort ne dépende plus du caprice d'un homme, en provoquant la sup-pression des armées permanentes et en minant partout le mili-tarisme. *(Bravos.)*

Dira-t-on que les peuples sont souvent les complices de leurs souverains ? Je ne le nie pas : il ne reste dans l'humanité que trop de vestiges de la vieille barbarie et trop de préjugés de toute sorte qui divisent les hommes et les poussent à se ruer les uns sur les autres comme des bêtes féroces. Mais, plus ces préjugés sont encore vivaces, plus il importe de les attaquer jusque dans leurs racines, et de travailler à y substituer toutes les idées d'économie sociale et de morale qui rapprochent les nations.

Une fois les peuples rendus à eux-mêmes, délivrés de la plaie des armées permanentes et affranchis des préjugés qui les tour-nent les uns contre les autres, il ne sera pas difficile de les unir en une vaste confédération, analogue à la Confédération suisse, qui instituerait entre eux un tribunal suprême chargé de régler leurs différends, comme les tribunaux de chaque État règlent aujourd'hui les différends des particuliers, et qui substituerait ainsi l'état de paix, c'est-à-dire le droit international, à l'état de guerre, c'est-à-dire à la barbarie. *(Longs bravos.)*

Est-ce là un rêve chimérique? Je ne me dissimule pas les difficultés qui s'opposent à la réalisation de cette grande idée. Je sais combien sont puissantes les étreintes du despotisme et combien les peuples élevés ou jetés dans la servitude manquent du courage nécessaire pour s'en affranchir; je sais combien le militarisme fait aisément illusion, en prenant la couleur du patriotisme; je sais combien sont encore vives les jalousies et les haines internationales; mais je sais aussi qu'un grand progrès s'est déjà produit dans les idées et dans les faits depuis le siècle de la Renaissance et de la Réforme jusqu'au siècle de la Philosophie et de la Révolution, que l'idéal est aujourd'hui clairement tracé et qu'il ne se peut pas que sa lumière frappe en vain les yeux des peuples. *(Oui! oui!)*

C'est cette lumière que vous aurez, Messieurs les membres du Congrès de la Paix, à propager à travers l'Europe. Nul foyer ne lui convenait mieux que la Suisse républicaine et la libre cité de Genève, cette Rome de l'intelligence, comme l'appelait hier Garibaldi, en venant répondre à notre appel. Recueillons-en ici les rayons épars au moyen d'une discussion élevée, puissante, calme pour être forte, et répandons-les partout où ils ont besoin d'éclairer, en y joignant (dans les limites tracées par la neutralité suisse) tous les moyens d'action en notre pouvoir, car l'idée sans l'action n'est qu'une oisive et stérile contemplation.

Telle est notre tâche. Nous vous l'avons préparée et nous la remettons avec confiance entre vos mains. Faites en sorte que le Congrès de Genève marque sa place dans les plus glorieuses pages des annales de l'humanité. — C'est déjà pour lui un immense honneur d'avoir réuni un si grand concours, tant d'hommes éminents venus des diverses parties de l'Europe, et à leur tête celui qui s'appelle lui-même le milicien et que nous appelons, nous, le héros de la démocratie et de la liberté : *Garibaldi.* *(Applaudissements prolongés.)*

II.

Discours prononcé par M. Jolissaint en prenant possession de la présidence du Congrès, dans la séance du mardi 10 septembre.

« *Citoyens démocrates de l'Europe,*

« Je suis très-sensible à la confiance que vous venez de me témoigner en m'appelant à l'honneur de présider le Congrès international de la Paix. Sentinelle perdue, soldat obscur de la grande armée qui s'appelle la *Démocratie,* et qui est représentée ici par l'élite de son avant-garde, je n'aurais pas hésité à décliner cet honneur, si je n'avais consulté que mes faibles facultés. J'aurais eu de nombreuses raisons pour refuser la présidence du Congrès, je n'en ai qu'une pour l'accepter : le *devoir* et l'intention d'être utile aux progrès des idées démocratiques et humanitaires. Je comprends qu'en m'appelant à ce poste d'honneur, vous avez voulu honorer en moi le citoyen suisse, la Suisse elle-même. *(Bravos.)*

« Pour remplir convenablement la tâche difficile qui m'incombe, je compte tout particulièrement sur l'indulgence et l'appui bienveillant du bureau et des membres de l'assemblée. Je suis persuadé d'avance que votre indulgence et votre concours ne me feront pas défaut. *(Bravos.)*

« *Démocrates européens,*

« Au nom du droit d'asile de l'antique hospitalité suisse, au nom de la vieille République helvétique, régénérée en 1830 et 1848, au nom de la fédération des États-Unis d'Europe, dont je vois poindre les rayons lumineux à l'horizon de l'avenir, je vous salue !

« Soyez les bien-venus sur le sol classique de la liberté, de l'égalité et de la fraternité! Soyez les bien-venus dans la patrie du grand citoyen de Genève, qui retrouva les droits de l'homme, enterrés par le despotisme; du grand J.-J. Rousseau, qui, le premier, écrivit avec un burin d'acier: « *Force ne fit jamais droit!* »

« Citoyens,

« Vous êtes venus à Genève sans projets de conquête, sans canons rayés, sans fusils Chassepot, sans *zündnadelgewehre*, sans revolvers ou autres engins meurtriers; vous êtes venus, armés seulement de vos sentiments et forts de vos convictions, organiser la *Ligue permanente de la démocratie et de la liberté.* Vous êtes venus poser les bases de la *Sainte-Alliance* et de la solidarité des peuples. Vous êtes venus entreprendre une croisade sainte, toute de persuasion, pour désarmer les haines nationales, attaquer de front les préjugés d'un faux patriotisme, d'un faux point d'honneur qui met toutes les vérités à la pointe de l'épée ou de la baïonnette; vous êtes venus, en un mot, préparer l'établissement et le règne d'une *justice internationale.* (Bravos.)

« Voilà le noble but du Congrès.

« Dans la lutte que vous entreprenez pour réaliser ce but, nous rencontrerons sur notre route deux catégories d'adversaires : la première comprend *les ennemis systématiques de la paix et de la liberté,* parce qu'ils ont besoin de la guerre et de l'oppression pour se perpétuer au pouvoir. Pour combattre ces grands feudataires des abus de la force, nous devons faire un appel énergique et persistant à *l'opinion publique.*

« Il existe à côté de la puissance des armées permanentes une force non moins imposante qui est appelée à devenir la reine du monde, c'est l'opinion publique. Si ce n'est pas la reine du présent, ce sera inévitablement celle de l'avenir. De nos jours, c'est une reine, mais il dépend de la Ligue de la démocratie de la placer au-dessus des trônes et des autels du despotisme religieux et politique. La guerre sera impossible lorsque l'opinion publique, formée par la presse et les assemblées démocratiques, s'y opposera énergiquement.

La seconde catégorie d'adversaires que nous rencontrerons comprend la masse des indifférents qui, tout en désirant la paix universelle, traitent cette aspiration d'utopie, de rêve doré irréalisable. (Non! Non!)

La guerre, d'après eux, serait une loi fatale, mais divine, et que l'humanité doit subir éternellement. Elle a toujours existé dans le passé, elle existera toujours dans l'avenir; voilà la théorie désespérante formulée par beaucoup de bons esprits trop pessimistes.

C'est un devoir pour le Congrès de combattre cette doctrine désolante, cette foi dans l'éternité du règne de la force et de l'injustice, ce dogme atrophiant d'impuissance qui est la négation de la grande et éternelle loi du progrès.

Tout ce qui a été allégué pour légitimer la perpétuité de *l'esclavage* a été répété pour prouver la perpétuité de la *guerre*.

La fatalité l'impose, disait-on, c'est la volonté de Dieu, et pourtant la conscience publique, à force de lutte persistante, a bien fini par triompher victorieusement de la plaie de l'esclavage. (*Bravos.*)

Pourquoi n'en serait-il pas de même de la plaie de la guerre? Courage donc et confiance, citoyens. Nous arriverons à trouver la terre promise, où régneront la paix et la liberté, qui sont deux sœurs inséparables! Ne disons pas : cela ne s'est pas vu, donc cela n'existera jamais; cela ne s'est pas fait, donc cela est impossible.

Affirmons et proclamons au contraire, avec fermeté, ce dogme de la vérité : l'abolition de la guerre est juste, donc elle arrivera; si ce n'est pas aujourd'hui, ce sera demain. (*Bravos.*)

La question de principe est jugée, reste l'application qui n'est qu'une question de temps.

Nous pouvons dès maintenant prédire sûrement que c'est à l'opinion publique qu'appartiendra la dernière victoire contre la guerre. Gagner l'opinion publique, voilà donc une première mission à remplir pour le Congrès.

Je ne m'étendrai pas davantage sur votre programme; il sera développé par des voix plus éloquentes et mieux autorisées que la mienne.

Pour terminer, permettez-moi encore quelques réflexions sur *l'importance* du Congrès actuel et sur les *conditions* de sa réussite.

Les assises de la démocratie européenne que nous inaugurons sont le début de la grande campagne qui doit être entreprise contre la guerre et les préjugés qui l'occasionnent. Il est un proverbe vulgaire qui dit : « En toutes choses c'est le premier pas qui coûte, c'est le premier pas qui décide souvent du succès. » Ce premier pas, nous le faisons aujourd'hui dans la lutte de la paix contre la guerre.

Pour qu'il soit fécond en résultats heureux, faisons-le avec dignité, courage et persévérance. Pas de fanfaronnades, pas d'attaques ni de provocations inutiles (*Bravos*). Flétrissons les abus existants d'une manière objective, mais impitoyable. Discutons les *principes* plutôt que les *personnalités*. Pour nous, les principes sont éternels, tandis que les personnalités sont des manifestations passagères, qui, si elles sont en contradiction avec les principes, ne tardent pas à être emportées par la logique des faits rationnels dans l'abîme de l'oubli.

Dans ce Congrès, qui doit être la première assise de la Fédération européenne, montrons-nous calmes, sincères, pénétrés de la grandeur de notre œuvre, plaçant les questions sur leur véritable terrain en les dégageant de considérations personnelles ou de parti passionné qui pourraient en compliquer ou en compromettre la solution. *(Bravos.)*

Sortons un moment de l'horizon étroit dans lequel nous vivons habituellement pour embrasser les grands horizons de l'humanité!

Laissons à la porte du Palais électoral, où nous sommes réunis, tout esprit de parti et de nationalité. *(Applaudissements.)*

Pensons que, dans cette assemblée qui a, avant tout, un but humanitaire, nous devons être des *hommes* d'abord, et ensuite des *citoyens* français, allemands, italiens, anglais, espagnols, russes, suisses, etc. *(Applaudissements.)*

Montrons-nous, en un mot, dignes de jouir des bienfaits de la liberté, de la république, de la fédération des États-Unis d'Europe, auxquels nous aspirons.

N'oublions pas que l'Europe guerrière et féodale a les regards fixés sur nous, et que, peut-être, elle a ses yeux de lynx et ses oreilles de mouchards dans les parois ou dans les murs de cette enceinte. *(Applaudissements.)*

Gardons-nous bien de donner à nos ennemis, les oppresseurs des peuples, la satisfaction d'être témoins de luttes stériles, tumultueuses, scandaleuses peut-être. Ce serait servir leur cause, perpétuer leur oppression et étouffer, à sa naissance, le germe puissant du but que nous poursuivons. *(Bravos.)* Que chacun de nous, en face de l'autel de la fédération des peuples, impose un moment silence à ses antipathies personnelles, à ses haines politiques, qui peuvent être très-légitimes, mais qui, dans les assises de la démocratie européenne, seraient inopportunes et de nature à en compromettre la dignité et la majesté, devant lesquelles nous devons tous nous incliner. *(Applaudissements.)*

La campagne que nous entreprenons est une campagne morale, éducative et persuasive. Nos armes, la parole, la presse, le droit de réunion, ne sont ni révolutionnaires ni meurtrières.

Le Congrès fera, avant tout, appel à la *conscience des peuples.*

Il ne recourra à l'emploi d'aucun moyen violent de contrainte physique ou morale.

Il abandonne l'emploi de la force des armes à ses adversaires, les amis de la guerre.

Citoyens démocrates européens, vous êtes venus siéger sur une terre libre et neutre, que vous vous garderez bien de compromettre aux yeux de l'étranger, j'en ai la conviction. (*Applaudissements.*)

Le Congrès se bornera à des manifestations de convictions. Au surplus, j'estime que chaque orateur comprendra que lui *seul est responsable* de ses paroles.

Le Congrès, *in corpore* et comme tel, n'est pas solidaire des opinions isolées de ses membres. (*Bravos.*)

Il n'assume, devant le public, que la responsabilité de ses décisions, comme toute autre assemblée délibérante, avec cette distinction très-naturelle que, confiants dans le tact des membres du Congrès, nous pouvons proclamer la liberté de cette tribune.

Puisse le Congrès de Genève être à la hauteur de la grande œuvre qu'il entreprend !

Puisse-t-il poser la *pierre angulaire* qui servira de fondement à l'édifice de la ligue permanente de la démocratie et de la liberté européennes ! (*Bravos.*)

Puisse-t-il être une manifestation imposante, noble et digne de cette grande idée de Proudhon : « *L'humanité moderne ne veut plus la guerre !* » (*Bravos.*)

Puisse, en un mot, ce Congrès de Genève être une déclaration solennelle et décisive de *guerre à la guerre !*

C'est en formant ce vœu, c'est inspiré par ces pensées que j'ouvre la seconde séance du Congrès international de la Paix. » (*Applaudissements prolongés.*)

III.

Proclamation au sujet de l'arrivée de Garibaldi à Genève.

AU PEUPLE DE GENÈVE

Chers concitoyens,

Une manifestation se prépare en l'honneur du Général GARI-
BALDI.

Nous vous appelons à y concourir avec nous.

L'arrivée du Général dans notre ville doit être une fête pour
tous les Citoyens démocrates. Nous irons au-devant de ce patriote
illustre, et nous rendrons hommage au désintéressement, au
courage, à la foi dans l'avenir.

Dans un siècle d'argent, où les intérêts matériels semblent domi-
ner tout, GARIBALDI a donné l'exemple du sacrifice, il s'est dévoué
pour son pays.

GARIBALDI a payé de sa personne dans les combats. Il a souffert
pour la cause démocratique. Il a partagé tous les périls de ses
soldats. Il a eu de grands triomphes. Il a eu aussi de grandes
tristesses.

GARIBALDI ne s'est pas laissé abattre. Il persévère dans son
espérance.

Genève, où la liberté règne; Genève, qui s'est émancipée jadis
du joug ultramontain, applaudira à la vie héroïque, aux espérances
sublimes de GARIBALDI.

Acclamer GARIBALDI, c'est dire hautement que l'on veut pour
les peuples le droit de se gouverner eux-mêmes, pour les con-
sciences le droit de ne relever que d'elles-mêmes.

Liberté nationale, émancipation du joug de Rome, voilà ce que
signifie le nom de GARIBALDI; voilà pourquoi les Genevois doivent
l'acclamer.

Nous irons avec les bannières de nos Sociétés faire cortége au
héros; et puisque l'aspiration des peuples vers la paix se fait jour
enfin et prend un corps, puisse la paix couronner bientôt l'accom-
plissement de l'œuvre de GARIBALDI!

Genève, le 4 Septembre 1867.

IV.

Adresse des ouvriers de Genève, réunis en assemblée populaire, le 24 août 1867, aux membres du Congrès de la Paix.

« Monsieur le Président et Messieurs,

« Nous venons de prendre connaissance du programme qui vous est présenté par les Comités de Paris et de Genève; nous l'approuvons dans le fond comme dans la forme, et nous y adhérons sans réserve.

« Nous voyons dans l'extinction de la guerre la suppression d'une des principales causes du chômage dont nous avons tant à souffrir.

« Le but que vous vous proposez d'atteindre est grand. Il renferme pour les peuples des horizons nouveaux : le progrès, la prospérité, la civilisation de l'humanité, recevront une glorieuse impulsion le jour où le programme qui vous est présenté par vos Comités d'initiative et d'organisation aura sa complète exécution.

« Nous espérons, en conséquence, que le Congrès de la Paix ne prendra aucune des résolutions que la timidité, la faiblesse, la crainte ou tout autre motif peu avouable pourrait faire proposer par quelques-uns de ses membres. Nous espérons, Messieurs, que vous ne reculerez pas devant l'emploi des moyens propres à assurer la liberté en Europe.

« Vous comprendrez que la grande énergie peut seule combattre efficacement l'ignorance et le despotisme, ces deux géants d'un autre âge, ces deux ennemis naturels de la paix, que l'immortelle révolution du siècle dernier n'a pas eu le temps d'écraser complétement, et qu'il appartient à nous, hommes du dix-neuvième siècle, d'anéantir sans retour. »

V.

Lettre de Garibaldi sur le Congrès de Genève.

Chers amis,

« Garibaldi s'est enfui de Genève. Le Congrès de la paix a été dissous par les radicaux.

« *Fiasco* complet de la démocratie universelle. »

Voilà ce qu'ont crié aux quatre vents les espions, les agents provocateurs et les *mouchards* confondus ensemble sur le sol libre de la belle reine des lacs.

Et les organes des patrons des *mouchards*, et les espions, qui puisent comme eux dans les dépenses secrètes, leur ont fait écho, luttant de sollicitude, d'empressement pour annoncer l'agréable nouvelle aux puissants de la terre.

Cependant, je ne me suis pas enfui de Genève, je ne me suis pas échappé incognito et sans être salué, comme veulent le dire les journaux de la réaction et de l'obscurantisme. J'ai prévenu tous mes amis, le jour de mon arrivée à Genève, que j'en partirais le 11, et mes amis sont venus me saluer à mon départ.

Quant au Congrès de la paix, il y a eu quelque altercation, je dois l'avouer.

Mais cela n'enlève rien de la valeur des vérités que les hommes libres de ce Congrès ont proclamées. Que l'on pense au grand nombre d'agents de la police européenne qui se sont trouvés apostés dans le Congrès, ayant pour mot d'ordre de le troubler et de l'annihiler, s'il était possible.

Et malgré tout cela, le Congrès de la Paix n'a pas fait *fiasco*. Les nobles initiateurs de cette très-noble pensée peuvent se réjouir, dans leur conscience honnête, d'avoir fait un grand bien à l'humanité.

Oui, sous les auspices d'une généreuse population de l'Helvétie, non loin du site sacré du Grütli, où commença la fraternité des peuples, où il fut prouvé au monde que les montagnes, les fleuves, la langue, ne divisent pas la famille humaine, mais que ce qui la divise, ce sont les prêtres et le despotisme.

Oui, sous vos auspices, fils de la *Rome de l'intelligence*, les représentants de la partie progressive des peuples se sont serré la main et ont jeté les fondements du culte de la justice et de la vérité, qui doivent à la fin prévaloir sur la terre, quand les nations comprendront que leur argent doit être employé à des œuvres utiles et non à l'achat de cuirasses, de bombes, de mercenaires et d'espions.

Genestrelle, 16 septembre.

G. GARIBALDI.

VI.

Résolutions adoptées par le Comité directeur dans sa dernière séance, du 12 septembre.

Le Comité directeur, avant de se séparer, a pris les décisions suivantes :

Le prochain Congrès se tiendra à Manheim, grand-duché de Bade.

Le Comité central permanent aura son siége à Berne. — Le nombre de ses membres ne sera pas au-dessous de quatorze, et il aura droit de s'adjoindre deux membres par nation. — Il sera chargé :

1° De provoquer et recueillir des adhésions individuelles ou collectives, et notamment de faire appel aux associations existantes ou à créer dans les divers pays, afin qu'elles réunissent leurs efforts pour la propagation des principes proclamés par le Congrès de la Paix;

2° De préparer les réunions futures du Congrès dans une ville libre d'Europe, et de fixer le règlement ;

3° De rédiger et faire publier les Annales du Congrès ;

4° De fonder un journal franco-allemand, sous le titre : *Les États-Unis d'Europe ;*

5° D'encaisser les cotisations des adhérents, fixées au minimum de 10 centimes par mois ou de 1 fr. 20 c. par an, et d'en faire l'emploi le plus utile à l'œuvre commune, sauf à en rendre compte à chaque session du Congrès.

VII.

Proclamation adressée par le Congrès de la Paix aux citoyens suisses.

Citoyens !

Le Congrès de la paix, avant de se séparer, exprime à la Confédération suisse, et spécialement au gouvernement de Genève, sa gratitude pour l'hospitalité qui lui a été assurée sur cette antique terre de liberté.

Les principes que le Congrès avait pour but de proclamer et de propager sont en grande partie ceux qui, depuis longtemps, font l'honneur et le bonheur de votre pays :

Liberté intérieure en pleine démocratie ;

Sympathie pour tous les peuples opprimés ;

Organisation des milices nationales ;

Suppression de toutes les entraves apportées par le despotisme au complet développement des libertés politiques, philosophiques et économiques.

Nous étions certains que vous rempliriez, envers l'assemblée qui venait discuter ces principes, votre devoir d'hommes libres. Ce devoir, vous l'avez accompli, Nous vous en remercions.

Le Comité directeur.

VIII.

Adresse de félicitation à MM. Jolissaint et Barni, Président et vice-Président du Congrès de la Paix.

Membres du Congrès de la Paix, nous n'avons pas voulu nous séparer sans vous exprimer ici le sentiment d'estime profonde que nous inspire l'impartiale et intelligente modération avec laquelle vous avez rempli la tâche si difficile de présider le Congrès.

Genève, 12 septembre 1867.

(Suivaient environ 500 signatures).

IX.

La pièce suivante, peu connue jusqu'ici, nous a paru assez curieuse pour mériter de trouver place à la fin de cet *Appendice* :

A notre Vénérable Frère Gaspard, évêque d'Hébron, auxiliaire de Genève,

PIE IX, PAPE.

Vénérable Frère, salut et bénédiction apostolique.

Dieu a laissé aux hommes le choix entre le bien et le mal, entre la vie et la mort ; tout en respectant la liberté qu'il leur a donnée, il sait si bien se servir des méchants et de leurs projets, qu'il emploie à soutenir et à consolider l'ordre par lui établi, les desseins formés pour le détruire. C'est ce que nous avons vu arriver dernièrement à Genève, dans ce Congrès qui ne semblait réuni que pour conspirer la ruine de la puissance ecclésiastique et du pouvoir civil. L'audace avec laquelle il a dévoilé son but, et les dangers effroyables que ces tentatives faisaient naître, ont jeté une telle épouvante dans les âmes, que non-seulement les esprits timorés, mais que les partisans mêmes des idées nouvelles ont repoussé avec énergie ces criminels efforts, et les ont flétris par une réprobation publique. Nous les félicitons sincèrement de ce qu'ils ont montré pour cette téméraire entreprise tout le mépris qu'elle méritait; Nous félicitons les magistrats de ce qu'ils ont, avec bienveillance, accueilli les justes réclamations des bons citoyens; Nous félicitons tous les catholiques, mais principalement ceux qui, devant vous et par des protestations signées de leurs noms, ont eu le courage de professer ouvertement leur foi, et de revendiquer pour elle l'appui de la loi; enfin Nous vous félicitons vous-même de la part que vous avez eue à ce triomphe de la bonne cause, qui est d'autant plus glorieux, qu'on pouvait moins s'y attendre au milieu d'un peuple partagé d'opinions, que les impies en ont été plus humiliés. Mais Nous vous félicitons d'une manière spéciale, parce que ces événements ont prouvé combien le catholicisme a fait de progrès dans votre ville et quels heureux fruits vos travaux y ont produits. Nous en rendons à Dieu, Auteur de tous les biens, les plus vives actions de grâces, et Nous lui demandons qu'après avoir montré si clairement à tous que les ennemis de l'Eglise et de sa sainte hiérarchie sont aussi ceux de l'ordre public, il daigne amener tous les hommes à la pleine connaissance de la vérité, et les rattacher à ce Siége en qui seul il a établi le pouvoir d'enseigner et de défendre la vérité. Comme gage de cette divine faveur et de notre affection particulière, Nous vous donnons de tout notre cœur à vous, à votre clergé, et à tout le peuple confié à vos soins, notre Bénédiction Apostolique.

Donné à Rome, à Saint-Pierre, le 2 Octobre 1867, la 22ᵉ année de notre Pontificat.

PIE IX, PAPE.

Genève. — Imp. L. Czerniecki, Pré-l'Évêque, 40.